SKOVEN

Julie Ben Semmane

SKOVEN

FSC
www.fsc.org
MIX
Papir fra
ansvarlige kilder
Paper from
responsible sources
FSC® C105338

Korrekturlæsning: Birgit Nielsen

Forlag: BoD · Books on Demand, Strandvejen 100,

2900 Hellerup, bod@bod.dk

Tryk: Libri Plureos GmbH, Friedensallee 273,

22763 Hamborg, Tyskland

ISBN: 978-87-7691-991-7

PROLOG

Et musical-digt om det at være kvinde fra barn til voksen - og om det at være et mandligt vidne til et cyklusstyret kvindeliv i evig udvikling.

Du vil møde en kvinde, en mand og de 9 muser: Thaleia, Terpsicore, Kalliope, Kleio, Melpomene, Erato, Euterpe, Urania og Polyhymnia.

God fornøjelse!

Dag 8

Den lille dreng

Jeg går mig en tur. Uden mine forældre ved det, har jeg sneget mig væk. Efterladt mine legoklodser og legetøjsbiler. Jeg finder en skov og går derind. Jeg går på en bred skovsti med træer på hver side og den åbne himmel over mig. Jeg indsnuser duften. Af skov. Af renhed. Af nysgerrighed. Og efter et stykke tid ser jeg to andre børn sidde i skovkanten. De kigger på mig og smiler. Den ene hedder Thaleia, og den anden siger hun hedder Anemone.

"Vil du lege?" Spørger de og kaster en bunke blade på mig. De griner og løber væk. Jeg løber efter hende. Hendes lyse hår hopper når hun løber, og hendes fregnede ansigt vrænger ad mig hver gang hun vender sig om og kigger på mig. Jeg prøver at fange hende, men hun rækker bare tunge til mig og løber endnu hurtigere. Endelig når jeg hende. Vi glider i skovbundens mudder og ligger pludselig sammenfiltret og beskidte på den kolde jord. Vi griner og kigger op på himlen over os.

Anemone

Jeg har ventet. Længe. Været opbevaret og beskyttet med livet som indsats. Jeg er blevet plejet. Og vandet. Og næret. Og nu er tiden kommet. Med den allerførste solstråle på den helt rigtige dag – på det helt rigtige tidspunkt. Åbner jeg mig. Strækker mig ud. Kaster mit første anker – det er ik' så stort, men det er der. Mine øjne ser, kigger, lurer, betragter, betages og drages. Jeg ved ikke af hvad, men jeg drages bare.

Jeg møder hende. Hun tager min hånd og viser mig skoven. Viser mig legen. Og pludselig er han der. Han løber efter mig. Han må ikke fange mig. Han må gerne fange mig. Han fanger mig. Vi griner. Sammen. Hun forsvinder. Jeg glemmer hende.

Dag 10

Teenagedrengen

Jeg går mig en tur. Endnu dybere ind i skoven. Et stykke derfra ser jeg to unge kvinder stå ved et træ. Da jeg kommer tættere på, ser jeg at det er et æbletræ. Den ene kvinde står med en kurv i hånden imens den anden kvinde plukker æblerne med dansende bevægelser og lægger dem forsigtigt ned i kurven. Den unge kvinde med kurven ser på mig og fortæller at vi har mødt hinanden før, men at hun nu hedder Hyacint. Den anden kvinde præsenterer sig som Terpsichore og stopper med at plukke af æblerne og begynder at klappe en rytme imens hun smiler til Hyacint. Hun smiler tilbage. Sætter kurven på jorden og kigger på mig med et drillende blik.

"Skal vi danse?" spørger hun og tager mine hænder.

Hun har fundet mig og vist mig ud til et særligt sted i skoven. Vist mig et æbletræ med både søde og syrlige æbler. Jeg observerer hende. Hendes dans. Hendes udstråling. Lethed. Fjer. Blødt dalende sne. Et ustoppeligt rislende vandløb. Sødme. Hun smiler til mig. Prøver at trække mig med ind i hendes dans. Hendes hvirvlende hår omkranser mig. Og jeg kan ikke lade være. Lade være med at blive en del af hendes dans. Af hendes lethed.

Jeg ser ham. Igen. Han er blevet ældre. På vej.

Jeg smiler. Kigger rundt. Jeg ka' alt! Alt! Ingenting binder mig! Jeg er friskheden! Ingen rammer. Ingen mønstre. Alt er muligt! Hver eneste ny vejrtrækning er en ny mulighed!

"Skal vi danse?"

Dag 14

Rose

Jeg ser ham igen. Kan genkende ham med det samme. Hans korte, pjuskede hår, hans intense øjne. Hans krop er blevet stærkere og mere markeret. Under hans bluse fornemmer jeg hver muskel arbejde når han bevæger sig.

Han har ikke set mig. Han går i en anden retning.

En kvinde stiller sig ved siden af mig. Hun præsenterer sig som Erato. Hun løsner min fletning så en del af mit hår falder ned foran øjnene. Hun knapper den øverste knap op i min skjorte, lægger en rosa læbestift på mine læber og skubber mig hen mod ham.

Han vender sig om og kigger på mig.

Jeg går tættere på. Kaster med min duft.

Opsnapper hans nysgerrighed og leger med den.

Kom nu helt tæt på!

Mærk mig!

Forbind dig!

Opslug mig!

Opslug os!

Endnu tættere!

Kom NU!

En!

En!

EN!

Manden

Jeg går mig en tur. Endnu længere og dybere ind i skoven. Er hun her mon igen?

En duft. Jeg vender mig om. Hun står bagved mig. Svulmende og duftende. Hun fortæller mig at hun nu hedder Rose. Hun smiler og kommer helt hen til mig. Læner sig ind til mig og vores dufte smelter sammen. Langsomt hvirvler de op og bliver til regnbuefarvede efterårsblade der blander sig som en hvirvelvind…

Samler mere og mere kraft og udvikler sig til en tornado!

Kraftfuld!

Hurtig!

Fokuseret!

For til sidst at eksplodere i et fyrværkeri af

farverige blade…

Der langsomt daler ned…

og lægger sig spredt…

i bunker af brunlige nuancer…

Dag 21

Mælkebøtte

Jeg gav ham lov til det! Tillod ham det! Mig! Ham… og mig! Jeg gav ham min hånd… Han kyssede den! Og lige pludselig slap han den! Fuldstændigt ligeglad! Uden noget varsel! Uden nogen form for forklaring! Må man godt det? Vise med hele sin krop at den hånd…, min hånd… er det dyrebareste og smukkeste… Og så lige pludselig bare give slip? Er det ok? Og hvis det er…, kan vi så ikke lave det om? Kan vi ik' sige at det må man ikke?

Hun lægger en hånd på min skulder. Siger hun hedder Urania, og at hun gerne vil vise mig noget. Jeg fortæller hende at jeg hedder Mælkebøtte i dag. Hun tager mig med ind i en lille skovlysning og sætter mig på et væltet træ. Peger op på den sorte nattehimmel over os, og et lysende stjernekort møder mine øjne.

Mine tanker bliver revet væk.

Det trøster mig.

Perspektivet.

Tanken om at andre har været der.

At jeg er så lille i en kæmpe verden.

En verden hvor der findes så meget…

Så meget der er større end mig…

Det skal nok gå.

Hun tegner et kompas på mit hjerte og lukker mine øjne.

Manden

Jeg går mig en tur. IKKE i skoven. IKKE denne gang. Jeg er usikker på om jeg nogensinde overhovedet skal ind i skoven igen! I hvert fald ikke den her skov! Jeg ved ikke hvad jeg skal sige hvis jeg møder hende! Jeg var bare ikke klar! Hvordan kunne det hele gå så galt? Hvordan kunne vores ord betyde så forskellige ting for hver af os?

Jeg går i udkanten af skoven. Men pludselig ser jeg hende alligevel!

Hun sidder i skovbunden. Månen og stjernerne lyser på hendes ryg, og hendes kjole kærtegner det bløde mos hver gang hun trækker sig sammen i et lydløst hulk. Det lyseblå hårbånd har løsnet sig, og de fine detaljer i kjolens stof forsvinder fra nattehimlens skær hver gang hun i smerten bevæger sig ind i mørket bag det træ hun sidder opad.

Jeg får lyst til at gå over til hende. Stryge hendes hår. Holde om hende. Fortælle hende at det ik' var sådan ment. At det bare gik lidt for hurtigt!

En kvinde går forbi mig. Kigger på mig og peger op mod himlen. Stjernerne er ekstra klare i aften.

Dag 23

Liljekonval

Jeg har endnu engang skiftet navn, og jeg kalder mig nu Liljekonval. Lykken og håbets blomst. Alt omkring mig dufter af sødme og forår, og jeg standser ofte op og lægger en hånd på min mave. Det er en ny dag. Et nyt sted. En ny tid. Og jeg har ændret mit tøj og hår. Jeg bevæger mig frit og let. Sammen med ham.

Manden

Jeg går ind i skoven. Sammen med hende. Hendes gyldne lokker bruser om kap med hendes skønhed hver gang hun ler. Hun kysser sine fingerspidser og lægger dem forsigtigt lige under navlen. Jeg ser på hende. Kan ikke lade være med at smile ad hendes lyksalighed! Og jeg stopper hende og kysser hendes mave! Kysser hendes mund, og hendes gyldne lokker falder til ro under mine hænder.

Vi når til et moseagtigt område, og en kvinde kommer os i møde. Hun standser op og præsenterer sig som Kalliope. Hun lægger en hånd på Liljekonvals mave og smiler. Derefter giver hun mig en kop med navnet

"MAND"

stående i blå skrift og en kande med vand til Liljekonval hvor der med gul skrift står:

"KVINDE".

"Manden beskytter. Kvinden bevæger," hvisker hun til os og lægger hænderne over Liljekonvals hænder og hælder vandet ned i koppen. Bagefter lægger hun hænderne på mine hænder og bevæger koppen blidt. Vandet bevæger sig, laver små bølger, men koppens sider holder vandet inde, så det ikke falder ud.

Hun smiler til os og går videre.

Dag 27

Manden

Hun går hvileløst rundt. Dybt inde i skoven. Vi har aldrig været så langt inde i skoven før. Jeg giver hende plads. Holder mig i udkanten. Hver gang jeg prøver at tage hendes hånd, skubber hun mig væk, og hendes ansigt fortæller mig at hun vil gøre det her selv.

"Jeg hedder Lotusblomst nu," siger hun højlydt og puster ud.

Lotusblomst

Jeg er dybt inde i skoven. Kan næsten ikke se himlen. Skovens træer og krat er som en hule – en puppe der lukker al omverdenens lys og lyd ude, så jeg kun fornemmer mig selv… og min vejrtrækning…

Hun kommer hen til mig. Hun har en bogrulle i hånden og præsenterer sig som Kleio. Hun smiler, lægger bogrullen under armen, og på en nænsom, men beslutsom måde tager hun mine sko af, så jeg står med bare fødder i det bløde mos.

"Det er bedst sådan her," hvisker hun og kigger på mig med dybe, intense kvindeøjne".

Manden

Hun blev til en vulkan! Skælvende! Mere og mere intens! Og til sidst rystede jorden så kraftigt at alt levende og alt med en fysisk form forsvandt! Og tilbage var en energi… så kraftfuld, så ren, så livgivende at hun eksploderede og ændrede form!

Den der bidende smerte!!!! De bed i mig! Spiste mig levende! Jeg kæmpede!!! Skreg!!! Men de tog mig i begge arme og hængte mig op på en krog!! Sprællende!! Uden noget eller nogen at kunne holde i!!! Jeg råbte!! Ledte forgæves!! Men der var ingen eller intet! Kun smerte og magtesløshed!! Indtil jeg gik i udbrud…, og det stoppede… brat…

Dag 1A

Vintergæk

Jeg går mig en tur. Langsomt. Tungt. Hun står og venter på mig. Præsenterer sig som Melpomene. Hendes ansigt spejler sig i mit. Hun kender smerten. Hun tager mine hænder i sine. Og en tåre løber ned ad hendes kind.

De har sat mig ind i et bur. Et alt for lille bur. Jeg kan kun være der hvis jeg er foldet helt sammen. Ved siden af mig har de lagt… hende. Jeg skriger efter dem. Prøver at få dem til at lukke mig ud. Men de gør blot buret endnu mindre. Hun ligger ved siden af mig. Helt lille. Svøbt ind i et gråt klæde. Ubevægelig. Blå. Og kold. Jeg ædes langsomt indefra. Af den her ild. Men de vil ikke lukke mig ud. LUK MIG UD! Luk mig ud!

Manden

Hun græder. Jeg græder. Vores tårer er blevet til to kilder der næsten har fyldt rummet, vi sidder i, helt op med klart vand. Til sidst tager hun det indsvøbte barn. Kysser det en sidste gang. Og lægger det forsigtigt ned i de to kilder der er blevet til én. Barnet flyder langsomt væk, og kilderne bliver mindre og mindre. For til sidst kun at dukke op sammen med aftenduggen i solnedgangens håbefuldhed.

Dag 1B

Påskelilje

Jeg går mig en tur i skoven. Jeg hedder nu Påskelilje. Hvert et skridt hvirvler årstidens farver og dufte op. Og de farer direkte ind i mit indre og omringer hvert et organ, hver en celle! Hvert atom i min krop er påvirket af sanseligheden på denne tur. Hun løber mig i møde. Næsten dansende. Jeg har ikke set hende før, men hendes hår skinner som guld i efterårssolen. Hun præsenterer sig som Euterpe og tager en fløjte op af lommen. Hun spiller en melodi og holder den ind til mit hjerte inden hun danser videre.

Hun ligger ved siden af mig. Hendes øjne suger alt til sig. Farverne. Formerne. Nye dufte og fornemmelser møder hendes krop. Og jeg lægger en hånd på hendes mave og trækker hende helt ind til mig. Hendes varme, lyserøde og bløde hud blander sig med hendes duft af renhed. Enkelhed. Og ro. Hun er min. Min.

Manden

Jeg ser mig selv badet i solopgangens dansende stråler. Ser min krop være træt. Udmattet efter alt for lidt søvn og alt for mange opvågninger. Ser mit tøj sidde skævt, mit hår og mine omgivelser være filtret sammen. Men jeg ser mig selv smile. Fordi jeg er sammen med hende. Hende. Dem.

Dag 2

Stilk

Jeg går mig en tur. Eller rettere sagt – jeg slæber mig en tur udenfor. Et skridt uden for min hoveddør. Asfalt. Cement. Grå. Lysegrå. Mørkegrå. Beskidt grå. En kvinde har camoufleret sig med den grå farve og smiler til mig fra en fortovsflise. Hun præsenterer sig som Polyhymnia og prøver at udfylde så meget af mit synsfelt med grå farve at jeg til sidst vender mig om og går tilbage ind ad min hoveddør igen. Ikke i dag.

Manden

Jeg fornemmer dagen og går ned og køber ind.

Stilk

Mørke. Ekstase. Vrede. Eufori. Misundelse.

Forelskelse. Det hele samlet. I ét øjeblik. På én dag.

I en kvindes krop. Som et uvejr der på én gang

både rummer solskin, sne, hagl, regn og tåge.

Jeg orker ikke mere.

Jeg er træt.

Vil bare ligge her.

Det eneste jeg ser…

er dynens mørkeblå, bakkede landskab.

Jeg synker længere ned i hovedpuden

og lukker øjnene.

Giver slip.

Og tårerne strømmer.

Langsomt og taktfaste.

Jeg kan heller ingenting. Jeg er fuldstændig
unyttig på alle måder.

Som kvinde, som menneske, som mor, som datter, som veninde, som nabo. Jeg er ingenting værd! På alle måder en byrde! Og jeg orker heller ikke at prøve mere!

Jeg kan dufte han er kommet ind i rummet. Den her duft af natur, menneske og tryghed. Han lægger sig ned under dynen til mig. Lægger sin arm under mit hoved og trækker mig helt ind til sig. Hans krop blander sig med min og hans store arme løfter blidt tungheden ud af min krop og sind. Han kysser min nakke, og jeg kan mærke han smiler. Jeg vender mig om. Og kigger ham direkte ind i øjnene. Vi deler universet. Og jeg smiler tilbage. Vi kender begge to dette øjeblik.

Dag 3

Manden

Hun er hoppet ind i sig selv. Er gået en tur. Alene. Hun vil ikke have mig med, og jeg slipper hendes hånd.

Hun fortæller mig at hun fra nu af ikke hedder noget.

At hun blot "er".

"Hende".

"Jeg er mig," siger hun.

Jeg sætter mig på en bænk. Kigger efter hende og smiler – med hele min krop – hele min energi – smiler – når jeg kigger efter hende.

Jeg hopper ind i mig selv og går en tur. Kigger ud på larmen omkring mig. En hånd prøver at trække mig ud, men jeg kravler dybere ind. Finder en sti og fortsætter bare ligeud. Indtil jeg når derhen. Derhen hvor de ikke kan nå mig. Derhen hvor der er ro. Accept. Overgivelse. Genopbygning. Jeg tager en dyb vejrtrækning og lader luftens glinsende krystaller fylde mine lunger og transportere sig ud for at oplyse hver afkrog af min udmattede krop.

Jeg kommer til en kæmpe katedral. Træder ind. De store vinduer lukker varmt, gulligt lys ind og indhyller mig i moderlig varme.

De venter på mig. Indenfor. Kvinderne jeg har mødt på mine ture. Kvinderne med hver deres kraft og inspiration. Hver deres oplevelser. Jeg sætter mig på gulvet. Sammen med dem. Jeg bliver langsomt hel igen. I mit eget tempo. På min egen måde.

Jeg ved… at lige om lidt er jeg klar til at gå ud i verden igen. Velvidende at jeg altid kan komme tilbage hertil… når jeg har brug for det.

De er i mig.

De er en del af mig.

Hele tiden.

Jeg er klar.

Jeg åbner op.

Træder ud.

Og er mig.